ANALYSE

DE

LA CONDUITE D'UN DES MEMBRES

DE LA CÉLÈBRE

CONVENTION NATIONALE.

A PARIS,

DE L'IMPRIMERIE DE PILLET,

RUE CHRISTINE, Nº 5.

—

1814.

ANALYSE

DE LA CONDUITE D'UN DES MEMBRES

DE LA CÉLÈBRE

CONVENTION NATIONALE.

——

M. Rozet de Folmon, avocat distingué, chargé de grandes causes, exercé en littérature et en droit public, accompagna à la première Assemblée des Notables le président du parlement de Toulouse, qui y fut appelé et qui était son client.

M. Rozet de Folmon fit imprimer et publier à cette époque, un travail sur les domaines, de la couronne, qui attestait ses connaissances historiques et politiques.

Député extraordinaire de son ordre lors de la convocation des Etats-Généraux, et pénétré de l'impossibilité d'arrêter le torrent révolutionnaire ; déterminé à chercher à le diriger pour en éviter les ravages, fut

successivement, et souvent cumulativement,
appelé à toutes les fonctions politiques, ci-
viles, judiciaires, administratives, mili-
taires, etc., etc., et il a eu constamment la
satisfaction de maintenir un certain ordre
et d'apaiser des troubles sans avoir jamais
infligé une amende d'un écu ; prévenant les
excès et défendant les opprimés.

Lors d'une de ses députations extraordi-
naires à Paris, témoin des excès des mois
de juin et de juillet 1792, il lui fut proposé
de remplacer M. Duranthon, ministre de
la justice ; et les mêmes personnes, au nom-
bre desquelles M. le duc de Nivernois,
ayant insisté pendant que M. Joly occupait
cette place, le refus qui fut fait d'adopter
les mesures que M. de Folmon proposait,
le détermina à ne plus différer de se rendre
à son poste de procureur-syndic à Toulouse,
dans l'espoir de s'y rendre utile à la cause
de son Roi, dont il prévoyait la perte avec
tant de douleur.

Il fut en effet nommé à la Convention
nationale : il s'y rendit le 22 septembre, et
dès ce jour, jusqu'au commencement de
novembre, il ne cessa, à la tribune et dans
les comités, de prendre la défense des op-

primés, et de suivre les principes qu'il ne craignit pas de développer dans la trop célèbre et trop malheureuse cause de Louis XVI. Il paraît certain que si ses judicieuses conclusions avaient été adoptées, Louis XVI et son auguste famille, arrachés à l'infâme commune de cette date, *pour que leur sort fût déterminé dans les assemblées du peuple français*, le peuple, jusque-là, si enthousiaste de ses souverains, n'aurait pas été souillé de l'assassinat si lâchement atroce du meilleur des Rois.

Indigné de tout ce qui se passait à l'Assemblée depuis le 21 janvier, de *déshonorante mémoire*, M. Rozet de Folmon persévéra constamment et courageusement dans ses principes : il ne manifesta, ne défendit alors, ni dans aucune autre époque, aucune opinion qu'il ait jamais à désavouer. Proscrit avec tant d'autres le 3 octobre 1793, il fut conduit d'abord dans la prison où il trouva M. le duc de Nivernois, qui l'honorait d'une bienveillance particulière.

Lorsqu'après thermidor, les buveurs de sang eurent moins de moyens de se livrer à leurs fureurs, M. de Folmon ayant obtenu l'adoucissement de passer à une maison de santé, M. le duc de Nivernois exigea de lui qu'il demandât d'être transféré dans celle dans laquelle madame la duchesse d'Orléans se trouvait déjà.

M. de Folmon n'avait eu aucune sorte de relation avec cette princesse ; mais c'était le seul individu de l'auguste famille à laquelle il s'était voué d'une manière si éclatante, qui fût abordable à Paris. Il concentra sur cette intéressante victime les sentimens dont il était pénétré, et auxquels il s'était livré avec tant de courage dans les circonstances les plus périlleuses.

Rentré dans la Convention, M. de Folmon s'y livra avec l'ardeur la plus vive, et en même tems la mieux mesurée, à tout ce que sa position pouvait lui permettre de services à rendre à tous les opprimés ; et quel concert de remercîmens et de louanges n'entendrait-on pas, s'il était possible de réunir tous ceux qui ont eu à se féliciter de ses travaux ! Il les a, en quelque sorte, terminés au Conseil des Cinq-Cents, en sauvant les deux jeunes princes duc de Monpensier et comte de Beaujolois, prisonniers à Marseille, en les sauvant d'une procédure effrayante dans laquelle on les enveloppait.

Il les fit passer en Amérique : il préserva la princesse , leur mère, d'être transportée à Cayenne dans la cage de fer. Madame la duchesse d'Orléans lui ayant accordé toute sa confiance dès l'instant qu'elle eût vu à la maison de Santé de la rue Charonne, celui dont le respectable duc de Penthièvre avait admiré les opinions dans la cause de Louis XVI et de sa famille, M. Rozet de Folmon se serait cru deshonoré s'il avait abandonné cette si respectable et si intéressante victime , au moment où les intrigans de fructidor cherchaient à étouffer dans le cœur des Français les germes de dévouement qui fermentaient pour la famille de nos Rois.... M. de Folmon demanda un congé pour aller continuer de prodiguer ses soins à la respectable victime délivrée des mains des régicides.

Arrêté à la frontière d'Espagne, par des émissaires des terroristes ; enfermé au château de Bellegarde ; traduit au directoire du département des Pyrénées - Orientales, dénoncé au Conseil des Cinq - Cents....., M. Rozet de Folmon écrivit à ses collègues avec la dignité d'un homme fort de la conscience de ses bonnes actions ; il leur écrivit que si l'acte de loyauté et de générosité qui l'avait porté à ne pas abandonner l'illustre victime dont la défense lui était si chère, n'était pas compatible avec sa qualité de député, ils pouvaient prendre sa lettre pour une démission; et il faut rendre au Conseil des Cinq-Cents la justice qu'il exerça envers M. Rozet de Folmon, en passant en comité secret, à l'ordre du jour, et sur la dénonciation du département des Pyrénées-Orientales, et sur la démission offerte.

M. Rozet de Folmon installé en Espagne auprès de S. A. S. la vertueuse fille et héritière du vertueux duc de Penthièvre, s'est entièrement consacré à la défendre et à la servir, ainsi qu'à défendre et à servir la cause de l'auguste famille de ses souverains dont il a, dans ses méditations, établi l'unité de maison qu'on avait, si improprement, divisée en trois races. S. M. a connu les détails que S. A. S. madame la duchesse d'Orléans lui a adressés en Angleterre.

Ce que S. M. ne connaît peut-être pas, c'est le travail assidu auquel M. Rozet de Folmon s'est livré, notamment à Mahon, pendant l'espace à-peu-près de cinq années, pour les Français de toutes les opinions, de toutes les classes, qui ont éprouvé dans leurs revers la bénigne influence de madame la duchesse d'Orléans, sous les ordres de laquelle, et par son crédit auprès des autorités locales, des milliers de Français ont obtenu au-delà de ce qu'un consul français aurait pu faire pour eux. Ce travail a été un des principaux soulagemens que M. Rozet de Folmon a pu se procurer loin de sa patrie, vers laquelle il tournait toujours ses regards pour la famille de ses Rois légitimes, plus encore que pour lui-même.

Le dévouement de M. Rozet de Folmon à son Roi, a été célébré en fructidor d'une manière bien alarmante pour lui par les journaux de cette date. On trouve, entre autres, dans le *Journal des Hommes Libres,* N° 150, à la date du 25 vendemiaire an VI, le paragraphe littéral ci-joint (article Toulouse, 16 vendemiaire):

« Quand nous dîmes que les restes de la » maison de Bourbon étaient passés la nuit » par cette commune, nous commîmes une » erreur, puisque les voyageurs passèrent en » plein midi. Nous négligeâmes aussi de dire » que ces *nobles restes d'une famille in-* » *fortunée* étaient suivis d'une vingtaine de

» personnes, tant domestiques que gens de
» confiance.

» Dans cette nombreuse suite, on re-
» marque un nommé Rouzet, soi-disant
» valet de chambre de la citoyenne d'Or-
» léans, et qui, dit-on, ne disait pas de
» bien des auteurs de la journée libératrice
» du 18 fructidor.

» Si ce Rouzet est, comme on l'assure,
» le même que le représentant du peuple
» de ce nom, il faut avouer qu'il trompe
» étrangement le Conseil des Cinq-Cents,
» qui ne lui avait accordé de congé que
» pour aller aux eaux, et qu'il avilit d'une
» manière scandaleuse la représentation na-
» tionale en rampant comme un valet au-
» près des personnes de la famille de *son*
» *maître*. On l'a vu à Villefranche, dans une
» écurie, donner des ordres, qu'il avait
» sans doute reçus, pour l'arrangement des
» équipages. Quel oubli!.....Bien des per-
» sonnes pensent que, comme Letellier, qui
» ne voulut pas abandonner son maître Bar-
» thelemy, Rouzet se condamnera à l'ostra-
» cisme, pour ne pas se séparer de la famille
» Bourbon, *pour laquelle, comme on sait,*
» *il eut toujours un attachement inviolable.*

» En vérité, Louis XVIII n'eut jamais *de*
» *sujet plus fidèle.* Bravo Rouzet ! »

(*De l'imprimerie de L. Vatar, rue de l'Université,*
n° 136 *ou* 926.)

Et comment les journaux auraient-ils
tenu un autre langage, lorsque pendant tout
le tems de sa législature, c'est-à-dire, pendant l'espace de plus de cinq ans, on n'a
cessé de le qualifier *homme d'état, avocat*
des émigrés, avocat du Roi ?.... Qui mieux
que lui avait mérité ce dernier titre ? Lui
qui, dès l'ouverture de la discussion, en
novembre 1792, avait osé, à la tribune de
la Convention, faire l'éloge de l'immortel
Louis XVI ? Lui qui avait osé le premier de-
mander que *ce fût* le peuple français *qui*
réglât le sort, nominativement de Louis XVI,
de la Reine Marie-Antoinette, du Dauphin
leur fils, de l'auguste princesse que le ciel
nous a conservée pour entretenir le feu sacré
de notre amour pour l'incomparable famille
de nos Rois ; de l'immortelle Madame Elisa-
beth, et de tous les autres princes qu'il
voulait soustraire à la férocité de la Commune de cette date ? Qui mieux que lui
avait mérité le titre d'avocat du Roi, lui
qui, à la suite des éloges qu'il osait publier,

apostrophait ainsi les accusateurs du meilleur des Rois : « Hommes atroces, qui vou» driez faire rejaillir l'opprobre dont vous
» êtes couverts sur le peuple que vous êtes
» trop souvent parvenus à égarer , vous
» tenteriez vainement de changer son cara» tère...... N'avez-vous pas été alarmés de
» ce que Péthion a si bien distingué dans
» les momens où vous vous persuadiez
» l'avoir associé à vos forfaits ? N'avez-vous
» pas été frappés de la stupeur de vos assis» tans lorsque vous condamniez, de leur
» joie, lorsque vous pardonniez ? »

Enfin qui mérita mieux le titre d'avocat
du Roi que celui qui dans une autre circonstance avait le courage de leur dire en face qu'il
ne connaissait pas de crime plus exécrable
que l'assassinat que se permettaient vingtcinq millions d'individus armés sur un individu désarmé ; qu'il ne concevait pas qu'une
réunion quelconque voulût se couvrir d'une
telle infamie aux yeux des nations et de la
postérité ?.... Le journal *des Hommes Libres*
avait donc bien ses raisons de s'écrier :

« Bravo Rouzet ! Louis XVIII n'a pas de
sujet plus fidèle ! »

www.ingramcontent.com/pod-product-compliance
Lightning Source LLC
Chambersburg PA
CBHW071647030726